Milk & Soy milk & condensed milk journal

Milk & Soy milk &
condensed milk journal

ほへーっと2人育児 編

ぎゅうにゅう日記

ひたすらどうでもいい日々のキロク

ごあいさつ

はじめましての方も
そうでない方もこんにちは。
ぎゅうにゅうです。
この本を手に取ってくれて
ありがとうございます。

上の子が産まれてから
「時間が経つのが速い」なんて
常に感じてきましたが、
下の子が産まれてからなんて
もうほんと恐ろしいスピードで
毎日が過ぎてく感覚です。
あまりにも早すぎて、
ほんとは時間なんか
経ってないんじゃないか
という感じです。（どういうこと）

そんな中で何にも考えずにいる
ヒマな時間の貴重さに
気づいたりしました。
そんなちょっとしたヒマな時間に、
この本を読んでもらえたら
幸せだなって思ってます。

このハートのチョコ
たべるとどうなるか
おしえてあげようか
こころがピンクのプリプリになる
こころ
ほう…

登場人物

かぁか

＝ぎゅうにゅう。
なぜ「ぎゅうにゅう」なのかに
特に理由はない。
寝かしつけのあとに
今日の子どもたちを描いたり、
描かずに寝落ちしたり。

ダンナ

とにかく自由。
出張が多く、
家をあけることが多いが
子どもたちにとっては、
そのレア感がたまらない!?

とうにゅう

赤ちゃんのころから
予測不能な言動で
かぁかをふり回してきた長女。
姉になり、年長になり、
その成長ぶりは…

れんにゅう

長女から約４歳離れて
生まれた次女。
生後半年もたたずして、
その強さの片鱗を
見せはじめる。

contents

4人家族になりました

れんにゅうちゃんが家に来て
よしよし
オムツ
オムツ
とうにゅうちゃんはすごくがんばっておてつだいしてくれました。
ガラ
ガラ
そして、
いっぱいがまんもしていたはず。

なのに私は全然余裕がなくて、
ふえぇ
かあか〜
ワガママを受け入れてあげられなかった。
だっこしてぇ
ちょっとまっててね
夜寝るときはとうにゅうちゃんもガマンできなくなって
トントン
かあか…だっこしてぇぇ
しきりに抱っこをせがみました。
ちょっとまってね
もう少しでれんにゅうちゃんねるからしーだよ
ふえぇ
ヒー
ふぇ
ふえぇぇぇぇぇ

そして、
ハッ
寝不足が影響して
すぐ寝落ちしてしまう。
寝ちゃった…
そりゃ泣くよね…!!!
ワがママ言われたりすると
絶対に思いたくないと思ってた
(お姉ちゃんなんだから少しガマンしてよ)
なんて考えたりするようになってしまった。
あんなにか弱く思ってた
とうにゅうちゃんが
れんにゅうちゃんが産まれて
急にすごく大きく感じて
ドウーー!!!
起こさないでよっ

ちょっとのワガママでとうにゅうちゃん
にイライラしてしまって
すぐ自己嫌悪に陥って…
夜な夜な検索して正解を
見つけようとしました。
か弱い赤ちゃんを守ろうとする
母性本能とか、産後の
ホルモンバランスとか、
こういった感情になる人は
けっこういるということを知って
少し気持ちが楽になりました。
そしてその中で
「下の子がすごく可愛いって
思えるのは、全部上の子が
教えてくれたから」っていうのを
読んで、なんか
すごく「ハッ」
としました。
ハッ…!!!
〜子が寝た後に
罪悪感がわき上がる母〜
とうにゅうちゃ〜ん
う〜ん…
れんにゅうちゃんを産んでから
離れたことはほとんどなかったけど
次の日、初めてパパに任せて
とうにゅうちゃんと少し出かけました。
2人でおさんぽ行っちゃう?
うん!!
よろしくね
ちゃんと見ててよ!?
OKOK

いっしょうけんめい こっち見てる
そういえば最近
あんまり目合わせてしゃべってあげてなかったっけ…
2人きりになると まだ幼い子どもなんだと すごく感じる…
はっちょん
下の子といると、
なぜかビッグに感じるんだよなあ…
それからなるべくちょっとだけでも 2人で出かける時間を作るようにしました。
とうにゅうちゃんの気持ちも 私の気持ちも
だんだん落ち着いていったのでした。

そして一年の月日が流れ…
あっ
それちょっとかして
アイヤイ
ヤイヤイヤ
ギギギギ
キッ
ギェエエ
ひっかかれたぁあ
れんにゅうちゃん、全然か弱くない…
下の子強ェ……
ギェー
フンッ
と感じるようになるかあかでした。

れんにゅうちゃんと
とうにゅうちゃんと
一緒に寝られるの幸せだなー

いっしょ・・・
いっしょのきもち・・

あかちゃんのなまえ ハートちゃんがいい
ダメ

CHAPTER 1

お姉ちゃんになりました

じゃあ Siriでいいや
Siriも ダメ

次女の産まれかた

陣痛始まって入院してから丸1日
ジジジ…
150 25
NST↓休けい
NST↓休けいのくり返し
ずえんずえん陣痛進まないっ!!!
うわああ
ホギャアホギャア
次々産んでいく周りの人たち
陣痛室から病室に戻ると
そのうち来るっしょ大丈夫大丈夫
おめぇは何でそんなくつろいでんだよ
あまりに産まれないので長女がお見舞いに来てくれました。
かあか がんばって
ありがとう。
憔悴しきってる
次の日の朝、浅い眠りから覚めると、
イテテテ…
キター!!!
いたいのキター!!
カチ カチ カチ
ナースコール
今までとは明らかに違う痛い陣痛が!!!
そうそう このいたみ…
うう…これでやっとお産が進んでくれる…
内診しますねー
ん？
頭出てきてる
20分後…
ふげえええ
いや産まれてくるのははやいな!!!

はじめまして、れんにゅうです

2人目の子どもが産まれました。
ニックネーム…
れんにゅう(♀)
ナースステーションで母乳チェックをしてもらってたときのこと…
同じ日に産んだち
あはは…
ブリッブリッ
ブリ
ブリ
ブリブリ
オムツ替えた
ブリッブリッ
ブリッ
ブリブリ
ブリブリ
スッキリ…
あかちゃん、
めっちゃうんこする

赤ちゃんがやってきた

赤ちゃんと一緒に退院してきました。
とうにゅうちゃんはめちゃくちゃがんばって
タタタタ…
オムツ
しゃむい？
お世話手伝ってくれてたんだけど
ガラガラガラ
授乳中
かあかあ…
夜すごく甘えん坊になってました。
こっちむいて
とんとんして
入院中もずっと我慢してたもんね
あるところに、おじいさんがやまにすんでいました
おじいさんは、おおきいももをたべました。おしまい。

ごはんの途中

フギャアアア
フギャア
フギャア
オッパイになっちゃった、ちょっと食べててくれる?
うん…
あれ、ごはんは?
ごちそうさま…
オッパイになっちゃって
一人で食べててもらったんだけど途中で来ちゃってさ~
まあね~
とうにゅうちゃんにとったらさ、オッパイの途中だったんだもんね
母
とうにゅうちゃんにとったらさ、
オッパイの途中だったんだもんね
ごめんね…!!!
キエエエエ

抱きしめた

看護師さんのことば
ちょっとくらい赤ちゃんが泣いていても
上の子を優先して抱きしめてあげて下さい
遊んでるときに、れんにゅうちゃんが泣き出して
フェ…
フエエエ
とうにゅうちゃんが寂しそうな顔をした気がしたから抱きしめた。
ないてるよ
はやくおむつみてあげて

産まれくるもの

産まれたら急にお姉ちゃんを発揮し出しました。
あるところに
次女が産まれる前は
あかちゃんといっしょにねない
あかちゃんとあそばない
…と言っていた長女
やさしいじゃん
遊んであげないって言ってたのに
もっとオニとかがでてくるとおもったから…
そうなの!?

お風呂での惨事

ふ〜〜
ん…?
待って…
うんこした…
スッキリ
ねえ、このきいろいのなに?
ヤバイ…とうにゅうちゃんにはバレてはいけない…
絶対喜んで大騒ぎする…
絶対幼稚園でも言う…
これはね、これは入浴剤だよ、入浴剤の仕様
これ、
うんち?
ちがうよ…
あかちゃんのうんち?
ちがうよ

何だったんだ

オムツ替え中
スッキリ…
かあか～ みてみて～
ちょっと待ってね 今目ぇはなすと うんこまみれになる
アヒャヒャ
アヒャヒャ ヒャヒャ
アヒャ アヒャヒャ
はい 何だった？
……
うんこにウケすぎて 忘れちゃった
何だった～

寝ている間も

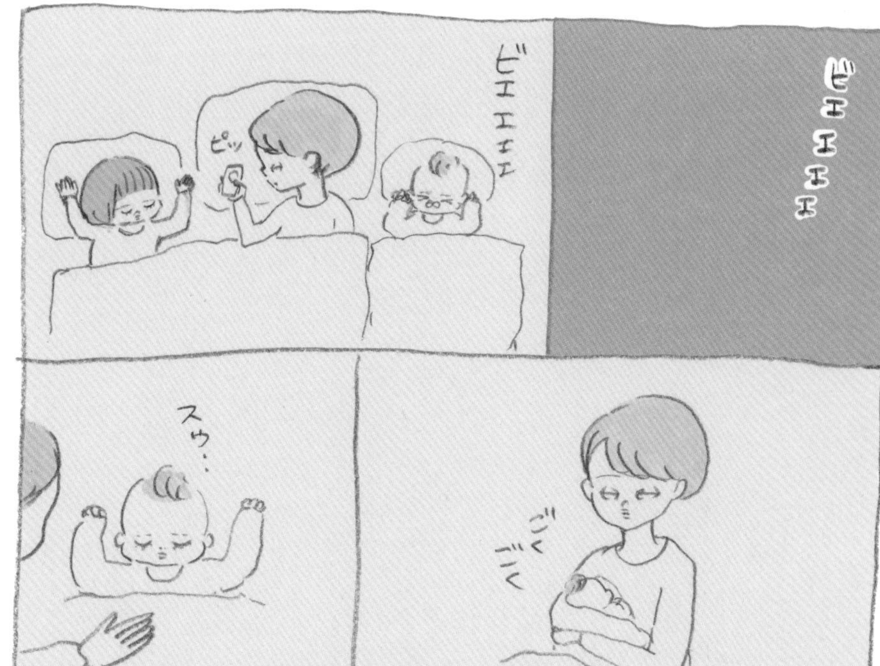
ビエエエエ
ビエエエエ
ピッ
ごくごく
スゥ…
ピッ
ブリッ
ブリブリブリ
ブリブリブリ

本能

んくんく
パイ
どうした？
おしまい？
パイ
……
パイ
でた
パイ
ブリッブリッブリ
でたねぇ
パイ
ふぅ…
スッ…
パイ
引き続き飲もうとすな

よくある

ハッ…!!!
また ねちゃった…
うう ねむい…
でも洗い物 終わってないんだ… 部屋もメチャクチャだし… 起きよ…
全然ヤル気 起きない…
ズズ…
とりあえず ココアのも…
えっ もう 2時じゃん…
ねよ…
02:15
起きなきゃよかった

声枯れただけ

かぜをひいてしまいました
ゴホッ…
ヤバイ… 声が出ない…
むくり
おはよう とうにゅうちゃん
かあかちゃん… おはよ…
枯れた裏声が
かあかちゃん
あしょぼっ
何かの役をやってると思って うれしかったらしい。

◆ 母娘で体調を崩したときのこと。

月曜日に私が体調を崩し火曜日から長女が体調を崩していました。

小児科で初めて飲む抗生物質のお薬を出されたんですが、

ギエエエェェ
にがいいいいい

とにかく苦かったらしい。

苦かったね
えらいえらい

私のズボンで
ベロ拭ってやがる

今まで「苦いですが・・」と言われていたお薬も
お水で問題なく飲めていたので今回も飲めると思い込みそのまま飲ませてしまいました。

相当苦かったらしい。本当にごめん。

twitter に投稿したところ
色々飲み合わせなどアドバイスいただきました、
ありがとうございます！

あまりにもずっと苦くて怒ってるので
ハイチュウでごまかしました。

ごめんね
ハイチュウ食べてごまかそう

ハイチュウもいっこたべたら
なおるかも
もういっこたべよっか

ハイチュウもいっこたべたら
なおるかも
ハイチュウ食べたいだけでしょ

その後もすっかりお薬嫌になってしまってかなり苦労しました。
お薬飲むの苦手だとこんなに大変なんだね…
今まで上手に飲めてて助かったよほんと…

（最終的にチョコアイスと「おくすり飲めたね」でだましだましし飲ませました。
それでも怒ってたけど）

その後も熱がなかなか下がらず、金曜日までずっと家にこもってました。

待ってね とうにゅうちゃん ちょっと待ってね
ギエエ エエエ
ゴホッ ゴホッ
スン…
やっと寝た…
ほら とうにゅうちゃん おくす
ヒエ
ヒエエエエ
ウエッ ウエエ
イヤー
イヤー
ヴェエエエ

めちゃくちゃしんどかった。

自分も体調不良だし、熱が下がらなくて心配だし、眠れないし、
とにかくしんどくて何回か叫びました。

アー

「ア――――――――――――」って。

土曜日になんとか熱が下がって、
次の週には元気に幼稚園に行ってくれました。

本当に良かった。健康第一、まじで。

かあか・・ なおるために・・
ん？ どうした？
なおるために・・
そうのチョコと バニラのやちゅ・・・ たべたい
冷凍庫のアイスの在庫
めちゃくちゃ把握してんな

そのときダンナは…

ヤバイ 頭カチ割れそう
いいよ おれごはん作るよ
えっまじ!?
100年ぶり!?
いいよ
うまっ
うまい!!
味付け最高 めっっちゃうまい
おいしいね ありがと
豆板醤足したの正解 めっっちゃうまい
うまいのは わかったよ
……
かあか〜 ガーリックライス チンして〜

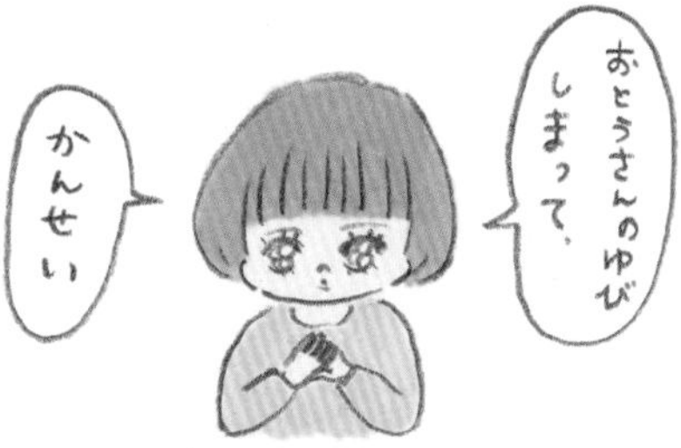
おとうさんのゆび
しまって、
かんせい

CHAPTER 2

なんてったって もう4歳なんで

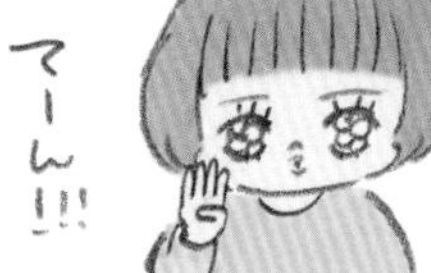
てーん!!!

最近の目事情

ハイ
そろそろ
テレビ休憩ね
いや〜ん
ダメだよ目ぇ
疲れちゃったでしょ
まだつかれてない
いまから
つかれるとこだった!!
じゃあ休憩しよ
別の日…
テレビ一回
休憩ね
いや〜ん
ほら目ぇ
しょぼしょぼ
してきたでしょ
もうしょぼしょぼしてた。
ずっとずっと前から
休憩しよ

ひとくち

ひとくち
ちょーだいっ!!
どうぞ
ごく
ごくごく
カラッ…

かぁかのほうが

もー
かあかは
おもしろいな～
とうにゅうちゃんのが
おもしろいよ～
かあかのが
おもしろいよ～!!
とうにゅうちゃんのが
おもしろいよー
かあかのが
おもしろいよっ!!
とうにゅうちゃんのが
カワイイよ～!!
もー
かあかのが‥
あっ
カワイイの
はなし？

リボン

かあかのよの
りぼん
カワイイ
最近前髪整える余裕なくて
上でとめてるから
いつもありのままの
私をカワイイって
ほめてくれる子ども

巻きずし作るやつ

かぁか～ これなに？
それは巻きずし作るやつだよ。どっから見つけてきた
ちゅくる まきずし ちゅくる
中に入れるものないからだめ
なかにいれるものなくてもいいよ。ちゅくる
だめ。のりもないし
棒ごはん
のり、もなくていいお ちゅくる
だめ

大事なおへそ

おへそ たべちゃおうかな
ふえぇ
おへそいらないでしょ？ おへそ何に使うの？
ゆび
つっこんだりするの!!

花粉症

ヤバ・・・
鼻水出てきちゃった・・
あっ とうにゅうちゃん お迎え来たよ〜
あっ
今日は帰るよっ!!!
ちょっと あしょぶっ
わ〜 大きくなりましたね
あっ
こんにちは

ライフハック

タオルをね
こうやって まるめて
くちに おさえて
あーー!!!
ってさけぶとね
しゅっきりするよ
何それ、誰に教えてもらったこわ

自分のせい

もー れんにゅうちゃん
やめて!!
いてっ!!
ペシっ
かあか!!
れんにゅうちゃんがたたいてくる!!
いてっ
じゃあ近づいていくなよ

録音

こちょこちょ
あひゃひゃ
!?
いまわらった!?
はじめて声出して笑った!!
録音録音
こちょこちょ
…
こちょこちょ
こちょ〜
こちょ
こちょこちょこ〜

笑ってほしい

先日初めてれんにゅうちゃんの笑い声を録れました。
いないな〜いばっ
アヒャッ
いないないばっ
ないないばっっ
……
いないないばっ
ないないないばっ
ダンナ
……
いないいないいないいないばぁばぁばぁっ
いないないばぁっ
いないないばぁっ

みんなれんにゅうちゃんを笑わせたくて必死

からあげ棒

はふはふ
スポンッ…
イアーー!!!
ぼとり…

好きの種類

あのねぇ かあか だいすき!!!
れんにゅうちゃんは？
だいすき!!
パパは？
だいすき!!
ちぃちゃんは？
だいすき!!
あっくんは？
だいすき!!
りゅうせい くんは？
ん？
すちぃ……
言い方変えんな

寝かしつけ

とうにゅうちゃんは寝てくれたんだけど…
れんにゅうちゃんが全然寝やがらん…
明日までにやらなきゃいけないことあるんだけどな…
アア
アウ
Zz
アウ
アウ
ま、いいや
とりあえず置いといて泣いたらまたオッパイあげよ…
スゥ…
スヤァ…
Zz…
セルフねんね、すんのかい！

ちょうちょ

ふぇぇ
ちょうちょつかめない
つかめないって
じゃあかあかがちょうちょつかまえて
わぁ つかまった～
はぁ…
何そのため息

◆ なんもできん

<れんにゅうちゃんの機嫌が悪いとき>

ハイハイハーィ
ふぇ、ふぇぇ

<れんにゅうちゃんの機嫌がいいとき>

なーん
ウーウーウー
なんだ〜ん
ウーウーウー
ウー
ウー
おしゃべりするの〜
なに〜

作業がなんも進まん。

なつかしのオモチャ

とうにゅうちゃんの赤ちゃんときのオモチャさ、れんにゅうちゃんにあげてもいいって、
いいよ
ほら〜
ガラガラ〜
あっしょれ、ちょっとみせて
あ〜これ…
あー これかー
はいこれ どーじょ
あとはまだつかうので
使わないでしょ

迫りくる

とうにゅうちゃんが寝ながら寄ってきて最近腰がちょう痛いんだよな…身動き取れなくて…
今日旦那いないしおもいっきり離れとこ。
こんだけ離れとけば何回か寝返りしても大丈夫だよね
ススススー…
ヒッ
スッ…
寝ぼけながら立って追ってきたー!!!

公園でのこと

かあか〜
おーい
よーし
かあかもすべってみよっかな
あれ待てよ
すべり台ってどうやってすべるっけ
ヒョオオオオ…
わっ
わわわ
ヒィィィィィ
どしーん

めっちゃ怖かった

自己肯定感高め

ま〜カワイイ何ケ月？
サッ…
今までずっととうにゅうちゃんがカワイイって言われてきたから、
ちょっと複雑だよねぇ…
…
どうして隠れちゃったの？嫌だった？
おかおみせたら
カワイイっていわれちゃうとおもってさ〜
めちゃくちゃポジティブだな

ポロポロ

ボリ
ボリ
うわっすげーこぼしてる待ってて、今掃除機かけるから
うわダメだよ拾い食いしちゃ
もとかゴミとか食べちゃうよっ
だいじょぶだよ
けとかたべちゃったらすぐはきだすから
大丈夫じゃない

ガチャガチャ

一回だよ
ガチャガチャ!!
んー
んー
うわっ
今日なんかいいのばっかだ
これ
これんする
ぷにっ
たい焼き
ええっこれっ!?!
かあかーこれさ
ようちえんのカバンつけてもいい?
えっ別にいいけど…
これさ、みんながさ、
さわらせてー!!ってなっちゃうかもね
クックックッ
プニプニ

お客さま

粗茶でございます
そちゃと
そにぎり

そにぎり

はぁ‥
かあかイライラしてごめんね
おなかのなかにイライラおにがいるせいだよ
かあかのせいじゃないよ

朝ごはん

朝ごはん何食べる？
なっとうか、パンか、もちか
チョコ
チョコ!?
チョコのみ!?
チョコたべ
ミルクティのみ
キリッ

桜の季節

しゃくらのうた おもいついた
よしゃくら〜 しゃくら〜 しゃくらのはながー
なーらんだー なーらんだ〜 ぴんくぴんく
どーのはな みーてもー きれいだなー
チューリップの歌のパクリ

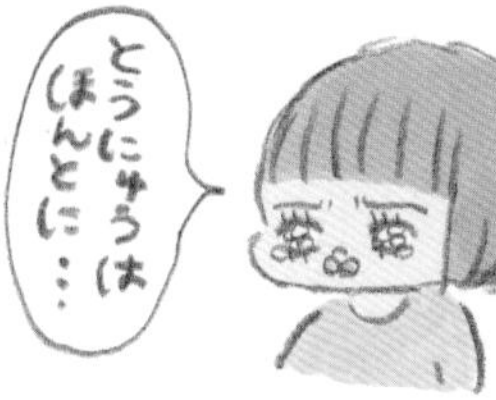
とうにゅうは
ほんとに・・・

CHAPTER 3

子どもゴコロ けっこう複雑

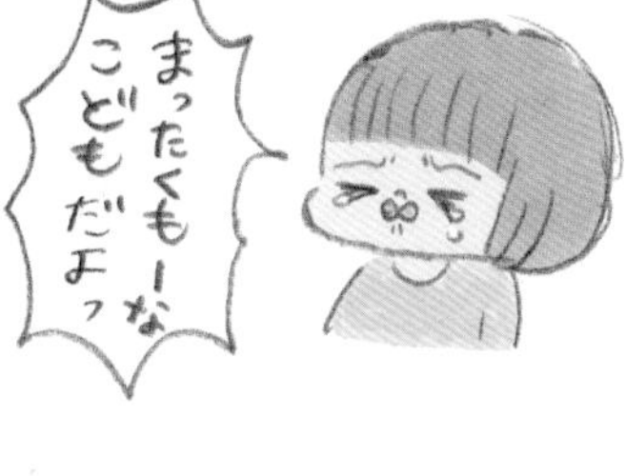
まったくもーな
こどもだよっ

◆ 年中さん

3月の終わり頃のこと

ようちえん
いきたくない

長女はクラスがえの不安から、幼稚園行きたくないと毎日のように言っていました。
こういう時は同調してあげたほうがいいって聞いて、

行きたくないよね、
そのキモチわかるよ

毎日毎日このやり取りをしました。

言いすぎて口グセになってた

そのきもち、
わかるよ
ギエエエエ

それで心配なまま始業式を迎えたんだけど・・・
私も一緒だったからか、自分なりに受け入れたのか、
すんなり行ってくれました。

泣かずに行けてえらかったじゃん!!
新しいクラスどうだった?

あのねえ、たいへんなことがおこった。
しらないこにはなしかけられた

結局行ってみたら不安が消えたらしい。
次の日からも、あっけなく行ってくれるようになりました。
「とうにゅうちゃん泣いちゃうかと思ったよ、頑張ったね」っ言ったら
「ないちゃうよていだったんだけどね、いってみたらたのしかった」
って言ってました。

そして、ともだちになった
よかったね!!

よかったよかった。

バッサリ切りました

か、カワイイよ
すごいカワイイよっ!!
・・・・
かわいくなれないともった
ホッ

髪が伸びてきた

そろそろ髪切らんとねぇ
いやーん!!!
ハンサムな人に言ってもらわんとね
切ったらカワイイよーって
ハンサムな人おねがいします
かあかね、
ちょうちょうちょうすっきりすだったよ✧✧
あんた
ガッカリすだったよ
ちょうちょうちょうちょうすっきりす

なんもできん その2

春休みが明けて
やっと通常運行
よし
作業するぞ
アウ
アウ
ん?
なんだん
カシャ…
これと
これを
おいて…
カシャッ
カシャッ
カシャッ
アウ
写真: 3,806枚、ビデオ: 696本

たぶんね

ぶー
お、おこってゆ?
おこってないよ
ぶー
ぶぶぶ
おこって…
ないよ、大丈夫

すぐ取られる

すモチャどうぞ
あれちょっと
なんであんたが持ってんの
何笑ってんの

◆ 森のどうぶつたち

前にどうぶつの森のアプリをパパにやらせてもらってた上の子。
スマホを変えてからやらせてもらえなくなっちゃって、
たまに思い出したようにどうぶつの森の話をしていました。

そこで、
そういえば私の3DSのどうぶつの森があったな、と思い出し
ちょっとやらせてあげたらすごく気に入ってしまって、
たびたびやらせてくれと言うように。

そして先日、またどうぶつの森をやり始めたときのこと。

長い針が6になるまでね
ふおお
たんじょうびおめでとだって
え?
わっそうだ
ハッピ〜〜バ〜スデ〜〜!!
今日誕生日だった

設定した誕生日を祝ってもらえる仕様になってたんですね。
自分の誕生日だということすっかり忘れてました。

不覚にもどうぶつたちに祝われてしまった。
思わぬサプライズとなりました。

ありがとう、森のどうぶつたち・・・

誕生日のくま

これなに？
ん？
誕生日のくまさんだって。
とうじゅうちゃんは1月だから赤か
ほ、ほしい!!
今日はダメだよカチューシャ買ったでしょ
いやーんほしいー
ダメっ!!
ううう
ないちゃいそう
これをかってもらうには
じぃじのちからがひちゅよう…
Jan

負けずぎらい

絵合わせカードゲームをやっていたときのこと
んー
ペロッ…
わっ今出たやつだヤバイとられる!!
いまでたやちゅっ
くっくっくっ
ペロッ…
ありゃまちがえちゃったね
次かあか～
当てちゃうぞ ヘッヘッへ
あっコラッ!!!

天然

やさしいね、よしよししてあげてるの?
ちがう
れんにゅうちゃんのあたまばかーっ(爆発)してるから直してあげようともって
天然のくるくるパーマなんです

起こさないで

プワアアアッ!!!
スゥ…
ヒイイイ今寝たばっかだったのにーー
ぱちっ
あっはっは
しょうがないなー
おいで
ねーちゃんがあそんだげるわ
あんたが起こしたんでしょ

最高のおしゃれ

ようちえん いきたくない
行くよー
あ、今日雨降ってるからカッパ着んとかんね
えっ あめ!?
いやっほーい

歯が生えました

ガリッ
いてっ!!
いったー
噛まれたー
めちゃくちゃ笑うじゃん

頭痛

うう
あたまいたい
あ、そうだ
顔が近くにあるとめっちゃ叩いてくれるれんにゅうちゃんの性質を活かして頭マッサージしてもらお!!
ギエエエエ

寝つき

最近とうにゅうちゃんの寝つきがとても悪い
ねてくれ〜
ねてくれ〜
かあか、みじゅ…
赤ちゃん返り気味のとうにゅうちゃん、もしかしてれんにゅうちゃんが寝た後かまってほしくて粘っちゃうのかも?
とおもって、おもいっきりかまってみることにした。
だっこしちゃお、よちよち
そうしたら満足して、すんなり寝てくれるかも!!
こちょこちょー
ぐあー!!
めちゃくちゃ元気になってちっとも寝てくれなかった。
かあかっかあかっ

お手数ですが
63円切手を
おはりください。

郵便はがき

104-0031

東京都 中央区 京橋郵便局留
主婦と生活社
「ね～ね～」編集部

ぎゅうにゅう日記

ほへーっと2人育児編
ひたすらどうでもいい日々のキロク　係 行

ご住所 〒□□□-□□□□　☎　－　－

都・道
府・県

Eメールアドレス：　@

フリガナ

お名前

男性□　女性□
年齢（　）歳
職業（学年）
[　]

A.この本を購入した理由を教えてください。

❶ 著者（ぎゅうにゅう）が好きだから
❷ 本屋さんで見て面白そうだったから
❸ 友人や知人にすすめられて
❹ その他［　］

愛読者カード

B. この本を どこでお知りになりましたか?

❶ 著者のHP／Twitter／Instagramで

❷ コミックサイト「パチクリ!」／パチクリ！Twitterで

❸ 書店店頭で見て　❹ そのほか［　　　　　　　　　　　　］

C. この本をどこで購入されましたか？

❶ ネット書店

amazon ・ 楽天books・セブンnet・その他［　　　　　　］

❷ 店舗型書店・店名［　　　　　　　　　　　　　　］

❸ その他［　　　　　　　　　　　　　　　　　　］

D. この著者の本で、今後読んでみたいと思うテーマがあれば教えてください。

E. この著者以外で 好きな作家や作品があれば教えてください。

F. この本へのご意見やご感想を お聞かせください。

★お名前や住所など個人情報を特定できる情報は公開しないことを条件に、このハガキのコメントを宣伝や広告に使用してもよろしいですか?　❶使用してもよい　❷使用しないでほしい

必ず匿名とし、お名前、住所等の個人情報は絶対に公開しません。

また、ハガキは当社の個人情報に関する規則に沿って、適正に管理・処分いたします。

窓から空を眺める

かあか あしょぼ
いいよ
なにして あしょぶ?
んー
こうやって ねっころがって
窓から空を 眺めるってのはどう?
えー
まあ いいちぇど

刺激的な味

ん!?
何食べてる!?
ちう
ちう
しおせんべい!?
あぶないあぶな…
セッ
やぶれてる!!!
じぃっ…
じぃっ…

ものしりにきいたけどよくわかりませんだって
ものしりって、
すみません、よくわかりません
あ、Siri…

Siriってものしりのしりだったの

おりがみ

けんさくしておりがみつくるやつやろ
ヒイッ
それは以前、おりがみの折りちがわからなかったとき――
わかんないからちょっと検索してみよ
作りちを検索して作ってしまったことから始まった、めちゃくちゃめんどくさい遊び……
けっこう難しそう..
これにしゅる
ヒイィ
途中でわかんなくなるけど一応作る
あ、まってストップ
かあかもういやんなってきちゃった
とうにゅうちゃんはつくってほしいからほら、がんばって!!
ふう できた できた
ん?
何の躊躇もなく顔描いてくれてる

赤ちゃんの頭のにおい

くん
くん
くん
くん

ただただ
自分が気持ち悪かった

れんにゅうちゃんの首元に
ふごふごしてるとき
なんかいいかおしてるっぽいから
動画で撮ってみた
…
ふごごごご
ごご
んまんま
んまー
んごんごん
ふんふんふん

すぐティッシュたべやつ

うわっ
ちう
ティッシュ!!?
ちう
あー
もー
あんたは
すぐティッシュ
食べ奴だな!!!
れんにゅうは
あかちゃんなんだかや
わかんなくておくちに
もってっちゃうんだかや
しょうがないの!!

はい。手の届くとこにティッシュを置いといて
めちゃくちゃすみませんでした。

めっちゃ怒られる

トゥニュチェ〜ン（とうにゅうちゃん）
トゥニュチェ〜ン（とうにゅうちゃん）
えいごでよばないでっ!!

すりすり

あっ とうにゅうちゃん おきたね、おはよ
ぼー……
すりすり
おはよう おはよう
ふぇぇ べちゃ べちゃ
べちゃ…

自分のおならに反応する

ぷぅ
ア゛ア゛ア゛ア゛ア゛ア゛
ア゛ア゛ア゛ア゛ア゛
どうした!?

はーすき

はーもうすき
はーすき
だーいすきだよ～
はっしまった
とうにゅうちゃんの前でこんなこと……
ん?
は～もうすき
だーいすきだよ～
まねしてる!!!

ファッションセンス

最近自分の好みで服を選びたがるとうにゅうちゃん
ゴテゴテ〜
パジャマおきがえしてでかけよっか
じぶんで
スッ・・・
まってそれ かあかの ブラッ!!!

ならOKです

あ、こらっ
かみひっぱらないで!!
あと5かいやったらおこるよっ
私がいつも言うセリフ?
あはは
なにわらってる!?
わらわないで!!
ごめん ごめん
とうにゅうちゃんが かわいくて わらっちゃった!!
かわいくて?
ならいいけど
いいのか

ヒートアップ

いないない
ばあっ
キャキャキャキャ
ないない
ばっ
キャキャキャキャ
動画撮ろっ!!
えっと、iphone
どこやったっけ…
あったあった
いないな〜い
べろべろば
!!!
なんか激しく
なってるし全然
笑ってない…

あぶなかった

アイス
アイスッ
ほらどれにするの
うーん…
うーん…
ほら〜
とけちゃうよ
ピー
ピー
はい閉めまーす
ふぅ…
まにあった…

決定権

おやつ
チョコかクッキーどっちにする？
うーん、てんのかみさまにきめてもらう!!
どちどちどちらにしようかな
最近の流行り
天の神様に決めてもらうやつ
クッキー!!
い・う・と・お・り!!!
…やっぱり
チョコがいい…
本当は気持ち決まってた

なんまいだ

ドゥ〜〜!!!
ううう…
しまった…
かあかっ!?
バタッ
なんまいだ〜
なんまいだ〜
…

まだこれから

かなしいこと
かんがえちゃいそう
どうした？
どんなこと考え
ちゃうの？

まだかんがえて
ないんだけど…
今から考えるところ

全員きいろ

こんにちは〜

あ、
ぜんいん
きいろだ
ぐるぐる回って
バターになっちゃう
かな

…？
そうだね
全然わかってないのに
気をつかわれてしまった

これって
ほんとかな？
パパが
いってたんだけど
なんて？
アイスはすぐ
とけちゃうから
どれだけたべても
デブにならないって

それ見たことか

はいしゃさんいってきた?
行ったよ
むし歯けずってきたよ
みせて!!
ダメだよきもち悪くてびっくりするよ
やーんみせて!!
みせてったらみせて!!
もー
ほら・・
だから言ったじゃん〜

パパいなくてさみしい?
ん?、ううん。がいこくのチョコかってきてくれるっていってたから

外国のチョコ

CHAPTER 4

パパの立ち位置

プァプァ

プァープァー
プァー
お
いまパパって言った？
パパが好きか〜
パパ
ギギギギ
イテテテテ
パパ

昨夜の寝相

見てこれ昨日とうにゅうちゃんが寝てるときに撮った
キャハハハハハ
とうにゅうのあたま
ばかーっ(爆発)してる!!!

パパのことは
目に入ってなかった

やわなハート

めんたいこバター買ってきた
ん?
がっ がぁがっ
パスタもうない!?、
ないっけ?
あーこっちに新品があったわ
はぁ…よかった…
心臓止まるかとおもった…

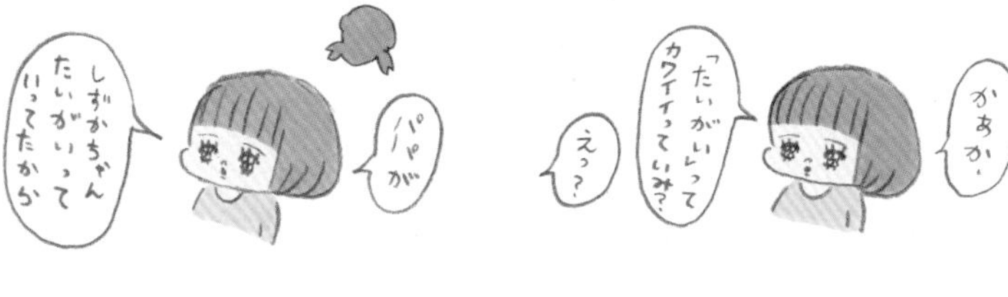
かあか、
「たいがい」ってカワイイっていみ?
えっ?
パパが
しずかちゃんたいがいっていってたから

パパの写真

カシャ
カシャ
カシャシャシャシャ
わっ
パパの写真いっぱい撮ったね
25項目を削除
キャンセ

肌寒い日

今日寒いな
もう一枚羽織ろう…
上、きよっか
バタッ
ただいま〜
カサカサ
バサッ…
はらへった〜

やさしい嘘

ぐおー
ぐおー
パパめっちゃ早く寝たね
パパうるさくてねれない
めっちゃうるさいね
昨日パパめっちゃイビキうるさくてとうにゅうちゃんがうるさくてねれない〜って言ってたよ
パパあちがうよ!!
うそだよ!!!
うそじゃない

私のもちもち

くおらー!!!
ゴン
これ人形だからまくらにしないでって言ったでしょ!!
あ、ごめん
ふう
休憩休憩

そんなことより

あっ
ハア〜
ただいま〜
頼んでた加圧シャツ!!!
楽天から来た!!!
見て見て〜
加圧シャツはいいから荷物運ぶの手伝って!!!

イビキ

ピゥ・・
ピゥ・・
あは・・
イビキかいてる・・
大丈夫かな?苦しいのかな・・
グー
グー
グオオ
グオオオオ

本当はちょっと寂しそう

バタン
ふぇっ
パパ!?
かくれりなっ
パパまだ出張で帰ってこないよ〜
風でドアが閉まった音だよ
あーかぜね
スッ…
パパ帰ってきてほしかった?
…べつに…

◆ ダンナの話

ダンナはめちゃくちゃちゃんとしていない。
出したものはしまわないし服は脱ぎっぱなし、
ゴミをゴミ箱に捨てるなんて
もちろんしないし、フタもしめない。

オレの一番好きなやつ
チャルメラとんこつ味

これ入れなくていいの?
秘伝の小袋
ちょうだい
ちょうだい
ちょうだい
チャルメラがめっちゃ好きなくせに
すぐ調味油を入れ忘れる

世の中の旦那さんの「家事を手伝う」という言い方に対して
「やって当たり前なのに手伝うっていう言い方はおかしい」
なんて議論が起こったりするけど、
うちはそんな所にも達してない、と少しシュンとすることがある。

まだ独身だった頃、早くに結婚した友達の家に遊びに行った時には
夕飯の後、友達の旦那さんがなれた様子で子どもたちをお風呂に連れて行き、
あがったら子どもたちに保湿クリームを塗り、髪を乾かし、
寝かしつけに２階の部屋に上がっていくのを見ても、
特になんとも思ってなかったけど、

自分が結婚してから、あの旦那さんが
本当にめちゃくちゃいい旦那さんだということを痛感した。

上の子が産まれたばかりの頃は、ダンナの転勤先で誰にも頼れない、
何も手伝ってもらえない状況が
本当にしんどくなったときが何度もあった。

ダンナには失望してばかりで、
しょっちゅう「旦那　協力してくれない　何も」
なんて検索したりしていた。

だけど最近、状況に慣れてきたのか子育てに慣れてきたのか、
思うようになったことがある。
そもそも私はダンナに家事を手伝って欲しいのか？ということ。

以前出張先でお客さんに連れて
行かれたお店が中国の方ばかり
で何言ってるか全然わから
なかったから、
ハオチー
ハオチー
出されたひまわりの種を
ハオチーハオチーって食べてたら
帰りにジップロックいっぱいの
ひまわりの種を渡されたらしい。
(ただ単に私が
好きなエピソード)

実際のところ、私自身片付けはめちゃくちゃ苦手だし、
なくし物も忘れ物もしょっちゅうする。
ぜんぜん完璧にできてないけど、ダンナはそれについて特に何も言わない。

もし家事をある程度してくれる旦那さんで、
でもめちゃくちゃに散らかった部屋を許してくれない人だったら？
それを思うと、そっちのがしんどいような気がする。

そして、ダンナは自分以外にあまり興味がない。
ダンナのどこが好きなの？と聞かれたら
間違いなく「私にあまり興味がないところ」と言うと思う。

もう私パパのことムカついてもかかないから
なんで？
旦那のグチばっか言ってるって言われちゃうから

いいじゃんオレ別に気にしないから
かきなよ
あんたは少しは気にしなさいよ

私は干渉されたり束縛されたりっていうのがすごく苦手で、
それが原因で昔、彼氏と別れたこともある。

ダンナは私がブログを始めて、お仕事もらえるようになって
東京に行ったり、イベントしたり色々活動していても、
何も干渉してこない。

締め切りに追われて部屋がめちゃくちゃでも、洗濯がしてなくても、
晩ごはんがテキトーになっても、
何も手伝ってくれないけど文句も言わない。

文句言わないけど手伝ってくれるような人だったとしたら、
自分がやれないことが申し訳なくていられないと思う。
文句を言う人だったとしたら、めちゃくちゃしんどい。

ダンナは子どもが産まれる前からの
ちゃんとしてないというスタイルを一貫しているだけだった。

以前ダンナに「パパは何にも変わってないんだよね。
私が子どもができて腹立ったり
許せなくなっただけなんだよね」って言ったら

「そう、おれはなーんにも変わってない」って言われて
「お前は少しは変われよ」ってなった。

弟が一日8キロとか走ってるらしくて
めっちゃ痩せてた
パパもちったあ見習ったら
オレの辞書の中に努力、我慢という文字はない
キリッ
ちょっとはガマンを覚えてくれ

確かに子どもが産まれる前は
一緒にいても全然しゃべらなかったり、スマホずっといじってたり、
ずっとソファーで寝てたりすることに腹が立ったことはなかった。

自分も好き勝手やって、こちらに何も干渉してこない、
そういうところが心地よかったはずだった。
子どもたちも多分パパのそういう部分が好きで、
ダンナがリビングでくつろぐ横でくつろいだり、
ときどき上に乗ってくつろいだりしてるんだと思う。

「コンビニ行くけど一緒に行く？」「じゃあ行くわ」ってな感じで
子どもとふらっと出かけたりする。
無理したり頑張ったりすることなく、
まるで友達かと思うくらいナチュラルに子どもと接している。
そんなダンナだからこそ、
私も気張らずにやっていけてるのかもしれないと思ったりした。

ここで夜食を食べ散らかしたままリビングで
寝落ちした旦那を発見し
「そんな訳あるかー！！！」と発狂する

チキンラーメン

寝たから今のうちにチキンラーメン食べるぞ
よし
ハア
ハア
ヒィッ
たまごおとしちゃったっ
つるっ
まいいや後で片付けよ
のびちゃう
すってーん!!!
ヒィィィ
たまごのこと すっかり忘れてて すべって転びました

歯の写真

まずお写真撮りますねー
ガチガチにキンチョーしてる
さいしょに歯のお写真撮るって
ちがうよ、お口の中だよ
※ここの歯医者さんは最初に歯の写真を撮る

かぁかの丸焼き

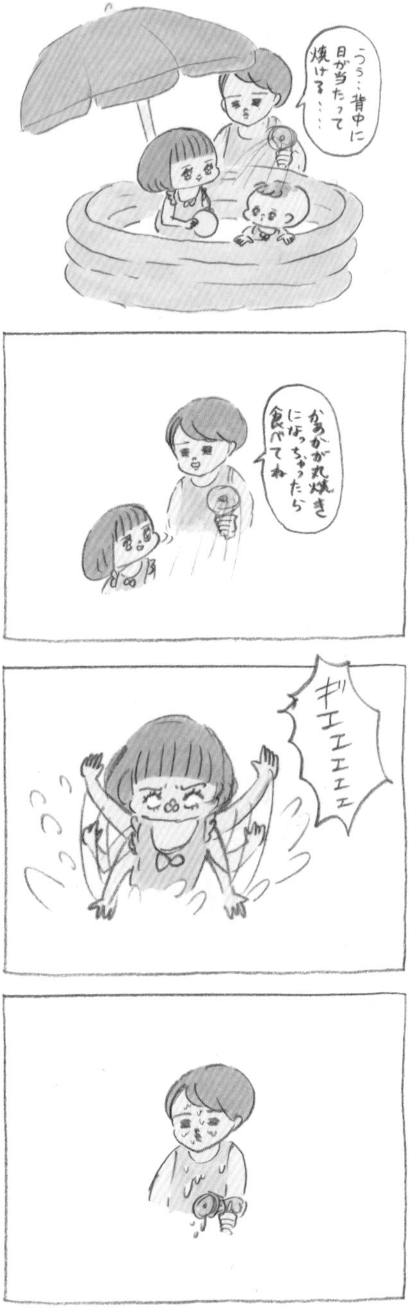
うう・・背中に日が当たって焼ける・・・・
かあかが丸焼きになっちゃったら食べてね
ギエエエエエ

やってみない

かあかの好きなポッキーの食べ方教えてあげよっか、
とけとけになったポッキーを冷蔵庫に入れて、
固めて一つになったやつをね、一気にあむあむって食べるの
へー……
やってみる?

心配ごと

しんぱいなことがある
なに?、どうしたの?
しぇみがさ、
かおにとまってきたらどうしよ、とおもって
ギャー!!!
それは怖い

まねっこしたあとワンワンって言う犬

もういいっ
もういいっ
ワンワン
もうっ
しらないから
もう
しらながら
ワンワン
カチッ

こっちがころ
こっちがわんちび

ボーロ

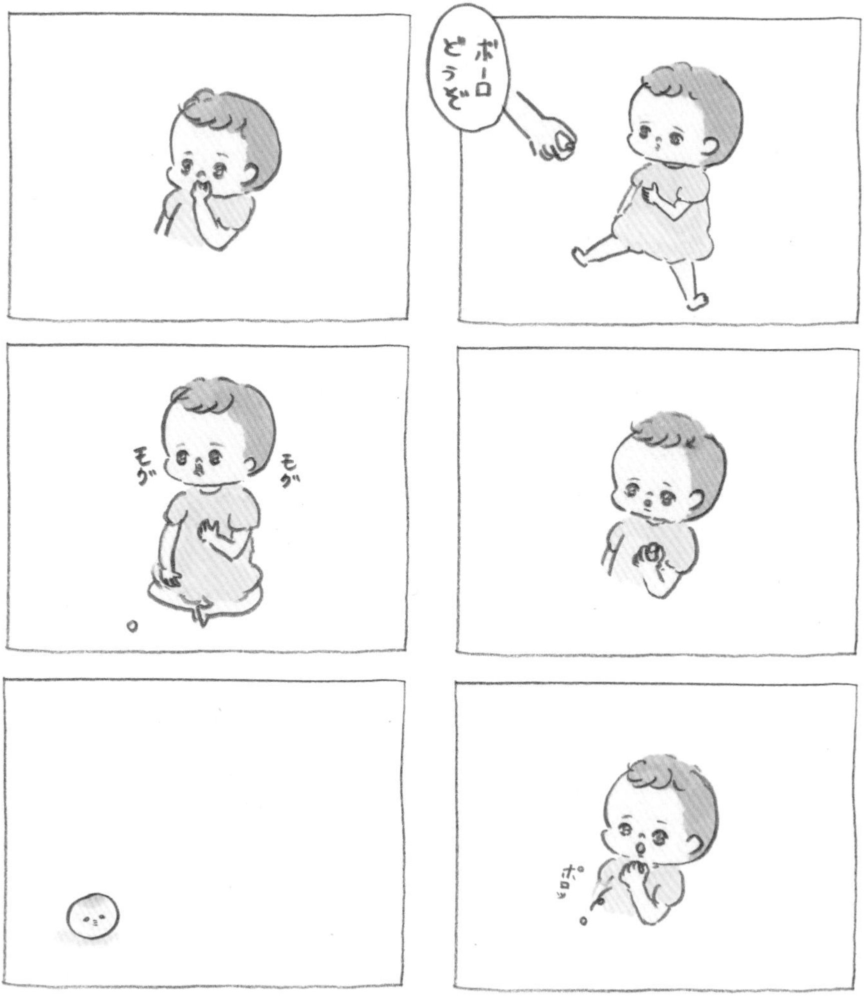
ボーロどうぞ
モグ
モグ
ポロッ

教えたら理解した

えっ なんでフード かぶってる!?
あんなに嫌がってたのに!!
ん?鏡見せてカワイイって教えたからか
気に入ってかぶってるよ
え・え!?

のび

こうやって手をかさねて
ふんぬぬーってやるときもちいいよ
って、この間教えた。
あ やってる
ふんぬんぬ
けど ちょっとちがう

涙のワケ

ねえ、泣けば
かあかが言うこと
聞くと思ってる？
こくり
思ってた

チョコバナナのクレープ

はい、
チェケバナナ
ちがうよ。
チェケバニャーニャ
ノリがいいな

きょうがんばった
かあかには
ちょうちょうちょう
はなまるはなまる
ぐーっどぐーっどぐーっど
おっちぇいおっちぇいおっちぇい
をあげます。

ちょうちょうちょうはなまるはなまるグッドグッドグッド
オッケーオッケーオッケーをもらいました。

人間の

まえにたべた
ぎゅうにゅうかけて
たべるやつたべたい
ん？、
グラノーラ？、
グラノーラ!!!
あった
グラノーラ
あっ
それじゃない
えっと
なんかもっと
ノラのエサ
みたいなやつ!!!

おっしゃるとおり

おもちゃやさんも
のぞいてく？
いかない
ええっ
なんで？、
行かないの!?
行こうよ〜
かあか
いつも
みたらほしく
なっちゃうでしょ
しょぼん…

隙あり！

このチョコにする!!
ふつうのチョコでいいの？
かあかこの塩キャラメルのやつにしよ
ひとくち食べる？
ちょっとお水取ってくるね〜
ガッガッ

木拾ってるの？
ん？
もってかえって、きパーティーするの

木パーティーやめて

風船のチカラ

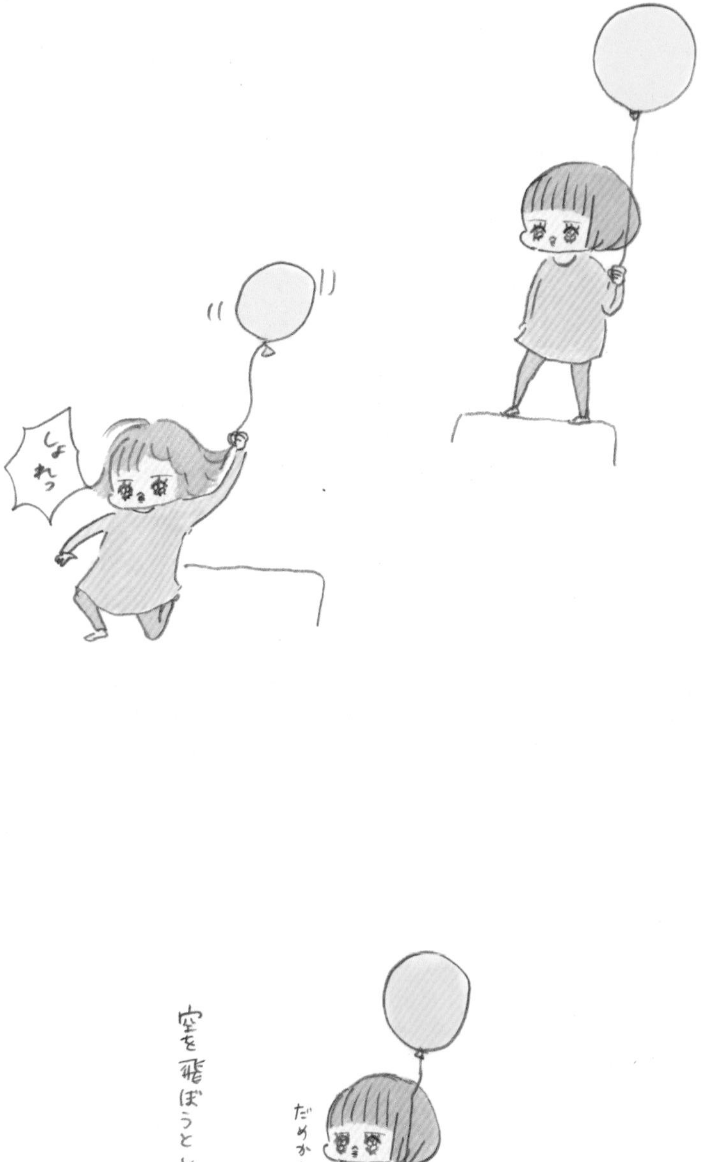
しょれっ
だめか…
空を飛ぼうとしてました。

CHAPTER 5

下の子、あっという間に大きくなってる

凶暴化

あっ コラ ペン食べてるっ
ダメだよ!!
ていっ!!
なんか真顔でひっかいてきた…こわ…

反抗

うわっ
またおしりふき出してるっ
もー出したらダメ
フンッ
シュッ シュッ
ててて
ヒィッ
ゴシ ゴシ

夜泣きじゃなかった

上の子を育児していて
しんどかったことワースト3
に入ると言っても
過言ではないことそれは、
ふえぇぇぇ
夜泣き…!!
ふえぇぇ
寝ながら泣いてるから
とにかく泣き止まない
子どもも疲れ果てて
寝るから
スン…
スン…
すごいかわいそうに
思っちゃいました。
朝まで一回も起きずに
寝られるようになったときは
めちゃくちゃ感動したのを
覚えています
なので下の子が産まれてから
夜泣きが始まるのを
ビクビクしながら待っていました。
ドキッ
ふにゃ

ある夜…
ふえええ
ん?
れんにゅうちゃん?
れんにゅうちゃん?
ふえええ
起きてる…!!
ねんねしていいよ~
トン
トン
寝た
スウ…
ふえー
起きてる

夜泣きじゃなかった

トン…
トン…
んっ
ふぇ…
立ってる
寝ながら泣いてるから
何しても泣き止まなくて
気が滅入りそうだった夜泣き
れんにゅうちゃんは
夜《よ》泣《な》きというよりも
夜《よ》起《お》きタイプでした。
かちゃ
起きてきたっ
うーん
ねむい…
むくり
寝起きもめちゃいい
それがないだけで
こんなにおだやかな気持ち
で対応できるなんて…
と思ったのでした。

バイバイ

知らん人のバイバイに
反応して手を振るうちの赤ちゃん

バイバイに反応して手を振る
3人の知らん赤ちゃん

リハーサルから　弟の結婚式

お父様と
腕を組んで
もらって、
ハイ
まだ
リハーサル!!
あれ、
ちょっと…
お父さん
ちょっとー
あははは
ダリー

とうじゅゔですっ
いまからっ
ゆびわをくばり
ますっっ
キリッ
そんなことは
言わないとおもうよ.

今日は何の日？

キットカットたべたい
ダメだよさっきチョコエッグ食べたでしょ
えっ、、
ちょこたべほーだいのひかとおもった
そんな日はない

どうにか着せた

ふんぬんぬ
そんなにむりやり着せたらチャンミーちゃん苦しいってー
ぐるじいす、、、

とうにゅうちゃん おきにいり
チャンミーちゃん ぬいぐるみ

子ども用の枕

子どもが「じぶんのまくらがほしい」と言うので
子ども用の枕を買った
スウ…
おはよー

枕として使ってない

プリキュアごっこ

じゃあ とうにゅうちゃんは～
キュア エビクリーム
キュア
エビクリーム…

だれ、キュアエビクリーム

初めての アドベントカレンダー

12月7日
今日ツリーの日なんだって!!
へー
へー
あっ
そういえばきょうのチョコツリーだった!!
チョコレートの
アドベントカレンダー
へー…
合わせてツリーにしたのかなぁ…
んっ、あっ
10
ちがうわ、この人先行して3日分早く食べちゃってるんだ
アドベントカレンダーのルール無視

プレゼントほしさ

クリスマス終わると一気に年末だな〜…
年内にやっときたかったことぜんぜんやれてない
もしかしてサンタさんもう来ちゃったからもういい子にしてるのやめちゃう?
ずっといいこにしてるよ
あしたもあさっても!!
らいねんもサンタさんにプレゼントもらわないといけないから
キリッ

期待値が高すぎないか

神社のもちつき来る？
あーじゃあ行こうかな
もちつきいつ？
あしたのあしたのあしただよ
もちつきは…
はー
あしたはもちつきだ〜
ガバッ
きょうはもちつきだっ
きょうはなんのひかというと…
ひらがなポスター
お
も
ち
つ
き

そんなに楽しみに
しちゃって大丈夫…？

この街で

そしてとうにゅうちゃんはオーディションを受けに東京に行きました。全力で歌っておどり、
なんとオーディションに合格。アイドルになりました
とうきょう…?とうきょうでアイドルになるの?
いやだ、かあかといっしょにいたい… とうにゅう、このまちでアイドルになる
ご当地アイドル

映えない

おっきいはなくしょとれた
わあ
しゃしんとりたい
だめだめほらティッシュ
もうとっちゃった
めでとってこころのなかにほぞんしちゃった
オシャレ…

バツゲームってしってる?
バツゲーム?
あのねえ、「ゲーム」ってつくけどたのしくないゲーム
いやなことをすることがおおい

隠しきれない

歩いてコンビニに行った
1個いいの買っていいよ～
これにする
卵型容器に
ジャラ
ジャラ
チョコが入ったやつ
薬局もちょっとよってくね
ジャラ
ジャラ
それポッケしまっといて
お店のって思われたら大変だから
ジャラ
…
そっ…
ジャラ…
そろり
そろり
ジャラ…

そろり
そろり

実家のこたつ

キャアアア

めらのめが!!!
ひかった!!!

こたつのなかの めら

変わってない

あれっ めらが
しんかした!?

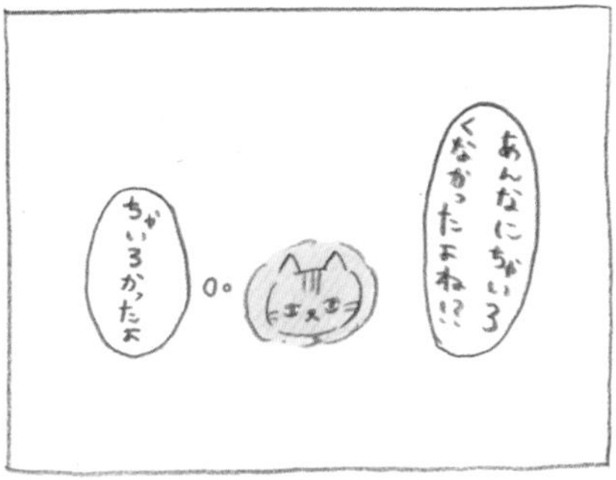
あんなにちゃいろくなかったよね!?
ちゃいろかったよ

うちではペット飼えないって言われたとうにゅうちゃん
(かあかが小さい頃)ポチとかみーちゃんをかってたこと
しってるんだぞ

しったかぶり

のらって
のらねこなの?
ちがうよ、ノラって外国の名前のノラだよ
ノラ・ジョーンズのノラみたいなかんじ
あー
ノラ・ジョーンズのノラみたいなかんじか〜

約束

あんた昨日何か約束しなかった?
えっ?
ノラに「明日ブラッシングしてあげよ〜」って言ってなかった?
ノラに…
ノラ、期待してるよ
じぃっ…
じぃっ…

おいしいスープができた歌

おいしい
♪おいしい〜
スープがで〜
きたよ〜
♪
♪おいし〜い
スープ〜が
で〜きた〜
♪
よ〜
よ
よ
よ
よ♪
ただいま
めっちゃ外まできこえてたよ

かぁかのほっぺ

れんにゅうちゃん
ほっぺ
ふわっふわ
かあかはっ？
あはは
かたい
かたい

平和なひととき

とうにゅうちゃんのいやなきもち
まるめてチョコにして食べちゃお〜
もぐもぐ
あはっ
あはは
平和だな

ふんじゃった

ギエエエエ
うわーん
んっ
あーん
どうしたの ケンカしたの？
ひーん
とうにゅうがころんでれんにゅうちゃんをふんじゃったんだよお
ぜんぶとうにゅうがわるいんだよおおおお

アイスひとくち

一口もらったのー よかったねぇ とうにゅうちゃん ありがとー。て
うっす

いいことあるかな

まっすぐ寝るといいことあるよ
またテキトーなこと言ってる
子どもの寝相が悪すぎてよくけられるパパ
まっすぐねるといいことあるんだよ

マジック

かあか〜
みて〜
ん?
シュッ!!
親指をシュッと隠してなくなった〜っていうマジック(?)
なんか変なのおぼえてきた…
幼稚園のお友達に教えてもらったの?
ん?
パパにおしえてもらった
アイツァ…
…

たたかい

かあか〜
ヒック
パパが〜
ヒック
どうしたの〜
もーなにしてんの…
え〜いきなり攻撃してきたから脇固めしただけ
も〜
パパに近付かんどきな
ギニニニ
イテテテ

こどもの願い

よつばのクローバーを見つけた
お願いしてみたら叶うかもよ？
うーん…じゃあ
かあかがやさしくしてくれますように
かあかがやさしくなかったっ…
んっ…
そのやさしさ、えいえんにってこと
そのやさしさ、えいえんに

ごまかす

これ触ったらダメよ没収!!
うっ
れんにゅうちゃん、怒られるといつもやる行為
3mくらい高速ハイハイして
ギエエエエエ
ハイ
ハイ
ハイ
その先で泣き崩れてペチャンコになります。
ウアアアア
そして近くに落ちてるオモチャを見つけて
ごまかして遊び始めます。

言ってないけど むちゃくちゃその顔してた

おちゃおいしいねぇ
ちゃ
えっ
うわっおちゃこぼしてるじゃん
わざとパイしたな!?
ありゃま!
ありゃまじゃないよ

見せに来ただけ

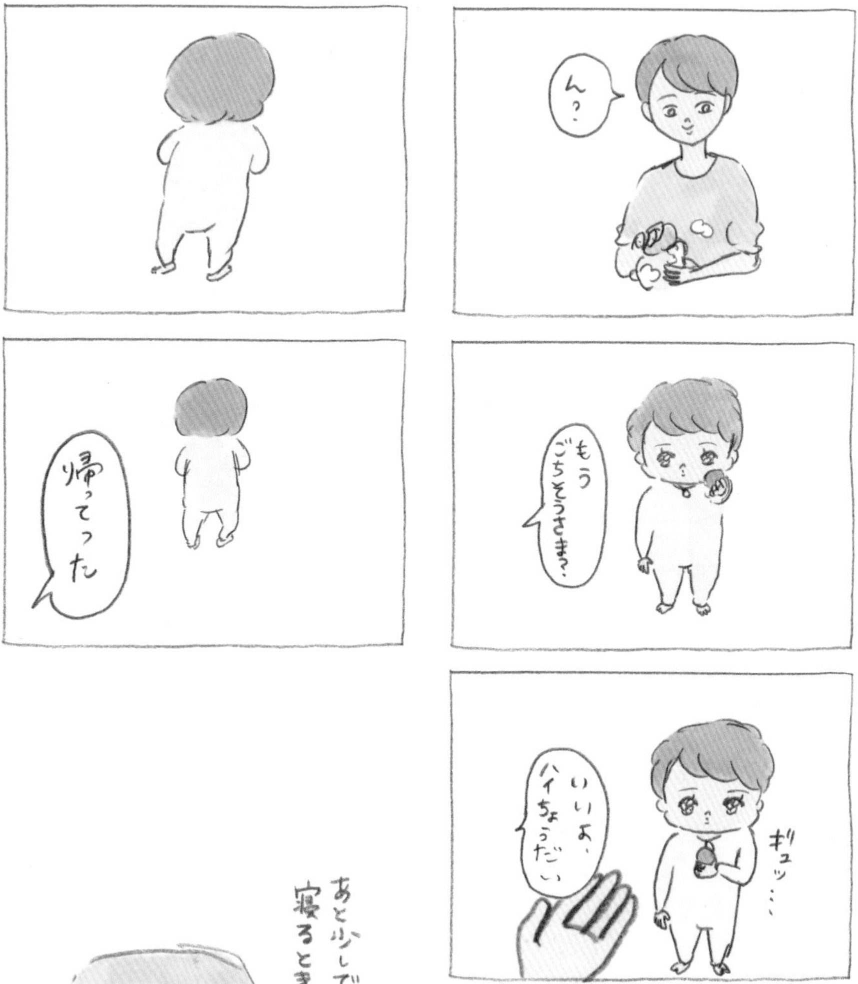
ん?
もう ごちそうさま?
いいよ、ハイちょうだい
ギュッ…
帰ってった

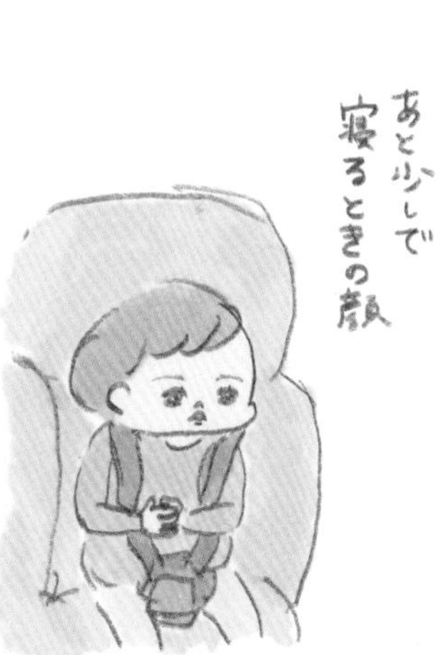
あと少しで寝るときの顔

爆買い

いらっしゃいませ〜
わ〜いろいろあってまよっちゃう
アドゥ
アドゥ
うわっきたっ
このおきゃくさん
ぜんぶかってっちゃうんだよなあ‥

被害拡大

あー
これ洗ったら抱っこしてあげるからまっててね〜
れんにゅうちゃんおいでー
あー
ギャーー
あーーん
だきしめたらはなみずがついた〜

ある日のれんにゅうちゃん

あたし、
れんにゅうちゃん一歳半
まだあまりうまくしゃべれないけど結構ちゃんとわかってます。
あたーどゅあじゅ!!
んっ、なーにっ?
だいすきなとうにゅうちゃんは幼稚園に行ってます。
じゃ!!
アブウ…
本日はかあかと
公園にやってきました。
かあかはいつもこっそり何かを食べてます。
モグ モグ
かあかっ にゃにっ
何食ってんすかっ
公園ってとこはちょう楽しいんです。

んっ
こんにちはー
じっ…
じいっ…
あたし…こんなのもってるんすわ…
ドヤァ
ねこちゃだーゆ
ねこちゃんっ、もつの？

ある日のれんにゅうちゃん

あーちゃんのもっ
デ、デケェ・・・
ニャーニャ
くまちゃんカワイイね こんにちはーって
ちゃわ・・
公園ってちょう楽しいです。
てってってっ

バイバーイ
バイバーイ
またあそんでね〜

CHAPTER 6

いつのまにか少女になってた

パパの保育園行きたくないの話

ねーねー
パパのほいくえんいきたくないのおはなしして
また？
パパ、どうにゅうちゃんくらいの小さいとき、
保育園に行きたくなくて、
保育園の回りぐるって逃げたんだって
キャハハハハ
子ども、パパの保育園行きたくないのお話めっちゃ好き

なれるよ

サクラの花びらキャッチできたら幸せになれるんだよ
わー
も〜〜キャッチできないよ〜
しあわせになるのはむり

寝る前のおまじない

ゆめみませんように
ゆめみませんように
ゆめみません ように
今？？、
ん？、
なんかねむく
なってきちゃったかな
ひるねしちゃった
ときのために
ぬかりない

ストレッチ？

ストレッチ
しようっと
それね！
それね！
それはしらん
それもしらん

笑わないで聞いてくれた

かあかのしょうらいのゆめなに？
え、かあか？うーん・・
嫌なことを言わない優しいおばさんになりたいかなあ
やさしいおばさんかあ
いいねえ

いちばんうまい

かあか～
おにぎりのぐでなにがいちばんすき？
んー
からあげ
からあげのおにぎりなんて
あるわけないでしょうが

どこかで幸せになってね

下の子が気に入って
えもん えもん
持ち歩いていた小さいドラえもん
あれっれんにゅうちゃん ドラえもんは？
落としてきちゃった!?
どっかに落としてきてしまった。
えっ
えもん おとしちゃった!!
さがしてくるっ
あっ とうにゅうちゃんっ
ないね…
しかたない あきらめよう
こんなことに
なるなんてっ
何故か一番傷付いてしまったとうにゅうちゃん

おけしょう

ぬり
とうにゅうもそれぬりたい
ん?これは汚い肌を隠すためにぬってるやつだからぬらなくていいよ
とうにゅうちゃんおはだキレイでしょ
じっ・・・・・
たしかに
たしかに

カレーの日

幼稚園の給食がカレーの日、いつもの給食セットにスプーンを追加で持って行くんだけど、
コップ
スプーン
おはし
私はすぐスプーンを付け忘れてしまう。
はっしまった
今日カレーの日だったああ
ごめんね‥かあかまたスプーン入れ忘れちゃった・・・
うんいいよ
スプーンわすれちゃったひは、おはしでたべるよ。あむあむーって
あむ
あむっ

東京の練習

今度東京行くとき
かあかのお仕事の人いっぱい
いるけど大丈夫?とうにゅうちゃん
はずかしがり屋だけど・・・
だいじょうぶ!!!
れんしゅうするから
練習?
あっハイー
ハイー
ブッ
ブッ
そうですー
ハイー
ブッ
ブッ
練習?

練習の成果

人見知り全開で
まったく喋らなかった子ども
いい子にしてて
えらいね〜
今何さいですか?
5さいと1さい
です
私
だけど帰り道
めいしいっぱい
もらっちゃった!!
とうにゅうもめいし
つくろうかな
かあかとおはなしし
てたおねえさんめっちゃ
かわいかったね!!
えびおいしかったね!!
ほんとかよ・・・

ライフハックその2

ひざをけがしておふろでしみちゃうときにはね。
こうやってきずをおさえて
そして
このままはいって
そして
しばらくたってから
はなす

かぁか呆れられる

かあかが とうにゅうちゃんのうで ペロンて舐めたら どうなると思う？
えっ？
うわあっ
ってびっくりして とびあがる？
ちがう
・・・
フェイフェイ フェイッ
って おどっちゃう？
せいかいはー
舐めたとこ くさくなるでした
・・・・
がんべんしてくれぇ
いまからたいふうが くるから、いまのうちに さんぽしてきますね
ちゃんぽ？
うさぎさんもくまさんも おうちに いてね

ぜったいにダメ

子どもが育てていたおじぎ草が成長しておじぎするようになった。
わあっ
ペコリ
なまえつけよっかな〜
いいじゃん
う〜んじゃあふりふりふりんは?
それはダメ
えっ…
じゃあふりんふりん
ぜったいにダメ
なんでダメ?

長い夏休み

全然寝ない…寝た後しか作業できないのに〜〜
よし今日はしこたま遊ばせて疲れさせて早く寝てもらうぞ
じり
じり
ミー
ミー
スヤァ…
うと
うと
よしよしもう眠そう……

新しい世界

かけてみてください
ふあっ
とおくがめっちゃみえます
これが見える世界です
見える世界へようこそ
初めて眼鏡買うと
こんなこと言ってもらえるの？
めがねつけてるかあかを
見たこども
つまり
まんがかになるってこと…？
どういうこと？

ドラマ

私がドラマを見てる途中で旦那が帰ってくると
こいつ悪いやつ？
まだわからん
別に見ないくせにめちゃくちゃ聞いてくる
こいつが犯人？
知らん
めっちゃうるさいな
この前珍しく海外ドラマを旦那が見てたから、
同じ気分味わわせてやろ
この人悪魔なの？
そう人間の姿を借りてる本当は悪魔で地獄から来て
こっちは母親で
この人も人間の姿を借りて
うわ…めっちゃ話すのかよ…

パパはいぬ

とうにゅうはうさぎで
れんにゅうちゃんはひよこ
パパは？
パパはね〜ブ
いぬだよっ
パパはっ
いぬだよっ
あれ、
このまえパパのことブ
いぬだよっ

どうしてもほしいもの

かあか、どうしてもほしいものがあるんだけど
ばあばんちにあるやつ…
でも…ダメっていいそう…
いってごらん
え？なにって、いってごらん
サンタさんならくれるかもよ
あのね…キャットタワーなんだけど…
ダメ

いろいろなやんだけどうすいぴんくにしてほんとによかったわ

赤い糸

ん？…
えっ れんにゅうちゃん 足の裏 血出てる!?
あっ
赤い糸がついてるだけだった
あの糸…
血出てるかとおもったよ〜

自分も心配してほしかったらしい

か行

就学時健康診断で子どもの発音について一度耳鼻科を受診して下さいと言われた。
かちくちぇこ
か行が言えない

今まで成長によるものだと思ってて
ちぇーちたべよ
。。。
カワイイ
全く気にしないどころかむしろカワイイと思っていたので

全く気にしてあげていなかった
ガーーン
自分自身にショックを受けた

かぁかはかわいくて大好きだったんだけど小学校で上手く聞き取れないといけないから
一回お医者さんに診てもらおうね

じゃあちとちぇがじょうずにいえるようになっても
かぁかのまえではちとちぇっていうね
それはいいよ

病院でことばの練習をしたら直りました。

だいすき!!

発音のしかたに気付かせてあげることが大事

大事らしい。

暑がりのパパ

ねぇかあか、
パパさ、あんなかっこでさ、
ああ…
ね、さむくないのかね
さむくないはいいんだけどさ
ずっとあんなかっこでさ、
はずかしくないのかな?

あくび

はぁ〜
はぁ〜
あははあくびうつったね
キャハハハハ
アヒャアッ
うつった!
はぁ〜
あれ、かあかにもうつった!!笑
しーん…
なんで?

昨夜の姉妹

昨日の夜さ、れんにゅうちゃんが泣き出したから見に行ったら
ふぇぇ
ふえーーって泣きながら動いて
ふえぇ
とうにゅうちゃんにくっついて
フゥン…
落ち着いてフゥン…って寝ちゃった
キャハハハハハハ
アヒャヒャ
めっちゃウケた

映画館にて

キャハハハ
アーハハハ
子どもたちってこんなに笑うんだ…
笑うんだ…
くっくっく
こんなにも笑うんだ…
映画と関係ないとこで泣く
カルディで買ったでんでんだいこ
ムシャクシャしたときこれを
こうするっ
でんでん
でんでんでん

理由があります

みちぇて、みちぇて。
ね〜ね〜
ん？。
えっ
みせてあげて〜
だって…
ページかえちゃうし ひっかくし キスしてくる

それは嫌だわ…

ほへーって暮らしたい

またこわいことかんがえちゃった
とうにゅうも
ほへーってくらしたいわ
ほへー…？
あっ

とうにゅうはいろんなことかんがえてるね
かあかが子供のころなんてもっとほへーってくらしてたよ

私がこの前言ったやつだ

まるで天使

片付けができなくて
大パニック
ぱんやちゃん だして
いま ださないよっ
ぱんやちゃん だしてっ
れんにゅうの ぱんやちゃん
うるさいっ
あああああ
完全に八つ当たり
あのね、かあかが なんでおこるかっていうと
れんにゅうちゃんの ことがだいすき だからおこるんだよ
ひぃっ
ごめんよ
ごめんよ

わかるよ

ん!?
れんにゅうちゃんのこと起こそうとしたでしょっ
してないよっ
何か変な顔してるけど!?
おひるね中
……だって
ほっぺが
ふんわんふんわんなんだもんっ
さわったな

おしょうがつ、しんせきのひとにあうんだよねぇ、
とうにゅういまはがなくてさ、
カワイイっていわれちゃうかのうせいだいだね

歯が抜けてカワイイカワイイ言いすぎた

いつのまにか

先日ショッピングセンターの手芸コーナーに行ったときのこと
シュッシュッポッポーやちゅ!!!
?、
シュッシュッポッポ?、
へ?、
シュッシュッポッポーやつだね〜
わかかんかった…
シュッシュッポッポーやちゅ!!!
その夜…
は〜
バタバタ
はいっシュッシュッポッポー
ん!?
シュッシュッポッポー

シュッシュッポッポーって
ボタンのことだったんだ…!!!
トンネルくぐって
シュッシュッポッポー
思えば幼稚園に入る頃…
シャツ こうやって着るんだよ やってごらん
どうなってる?
できない…
幼稚園で毎日おきがえするんだよ〜
がんばって自分でやってみよ〜〜〜
幼稚園の先生
とうにゅうちゃん おきがえ苦手みたいで…
ハイ…
待
本人がまじでケロッとしてるんだよな…。
できなくても焦らない…
子ども 服が着られない
ボタン止めれない
教え方 シャツの着方
3才 できること

毎日のように調べてました。

だけど ちょっとずつ
ゆっくりゆっくり
自分のことが
できるようになって行き…
早生まれだから他の子より
遅れてることもあるのか
な…とか心配してたことも
あったけど…
ハイッ
いりぐちいっこで
でぐちがにこのトンネル
下の子に着替え
を教えるように
なる想像とか
全くしてなかった
なぁ……
あんたは早く
服を着て
確実に成長を感じている
のでした。
もうすぐ小学生とか、
信じられる…？

夕焼け

買い物終わり・・・
わっいつのまに
ゆうがたになってる
もーーー
いやなんだよ。ゆうがたはっ
かなしいきもちになるから
でも。
きれい

おわりに

子どもたちが寝静まったあと、やることはいっぱい。
洗濯物もたたみ終わってないし、洗い物ものこってる、
部屋もはちゃめちゃに散らかってる…

なのに私はコタツに入って、
今日撮った子どもの動画を見ていたら、なぜか1時間経ってました。

寝かしつけ前はいつも大騒ぎで
（あ〜今日は早く寝てくれ〜）なんて思ったりするのに、
寝たら今度は子どものことばっかり考えちゃって、
動画を見たり、漫画に描いたり、そんな毎日です。

上の子が生まれて、もう6年になりました。
引っ越したり、また引っ越したりしているうちに
下の子が生まれ、上の子はお姉ちゃんになり、
そのうち下の子はお姉ちゃんにケンカで大勝ちするように…

あっという間にどんどん成長してるんだなと感じています。
そしてこの本が出る頃には、また引っ越すことになりました。

子どもたちとバタバタ過ごしたこの家ともお別れなんだな…
引っ越し準備全然進んでないけど大丈夫なのかな…（大丈夫じゃない）

この6年間で「すみません、バタバタしてて…」って
何回言っただろう。
ずっと言ってました。ずっとバタバタしてる。

母に「最近、全然思うようにやれない。
出産してからどうもぼーっとしちゃってるっぽい」って言ったら
「出産前のがよっぽどぼーっとしてたよ」って言われました。
出産前のがぼーっとしてたならよかった。（よくない）

長女はこの春から小学生。
それに乗っかって気持ちを切り替えられるなら、
次の土地ではもう少しだけ自分にシャキッとしてもらって、
余裕を持って行動したいな…？
そんな一区切りに、この本が完成してとっても嬉しいです。

最後まで読んでくれて本当にありがとうございました。
読んでくれたみなさん、家族、
この本に関わってくれたみなさんに感謝です。
ありがとうございます。

ぎゅうにゅう日記は、明日も続きます。

2020年 春 ぎゅうにゅう

ぎゅうにゅう日記

ほへーっと2人育児編

ひたすらどうでもいい日々のキロク

著　者　ぎゅうにゅう
編集人　殿塚郁夫
発行人　倉次辰男
発行所　主婦と生活社
　　　　〒104-8357　東京都中央区京橋 3-5-7
編　集　03-3563-5133
販　売　03-3563-5121
生　産　03-3563-5125
ホームページ　https://www.shufu.co.jp/
印刷所　図書印刷株式会社

デザイン　鈴木さとみ（wyeth wyeth）
編　集　堺 香織

Printed in Japan
ISBN978-4-391-15423-8